AF242809

LES ÉLECTIONS COMMUNALES

DE SAINT-BENOIT

Devant

LA POLICE CORRECTIONNELLE

par

VICTOR GRENIER

Prix : 1 franc 25

Typ. P. Grenier, Saint-Denis, (Réunion)

1878

POLICE CORRECTIONNELLE DE St-DENIS.

— o —

(Séance du Jeudi 24 janvier 1878)

Un procès considérable, par le nombre des accusés et celui des témoins appelés à l'audience, se déroule actuellement devant le tribunal de première instance de Saint-Denis jugeant en matière correctionnelle. Nous entreprenons de donner à nos lecteurs une idée aussi complète que possible de ces débats, qui passionnent depuis quelques jours l'opinion publique. Il s'agit de simples délits électoraux, les accusés ne sont point de grands criminels ; à vrai dire, ce qui est réellement en cause, c'est le suffrage universel tel qu'il se pratique malheureusement trop souvent dans la Colonie.

Il ne faut pas penser à reproduire par la sténographie ces débats qui fourniraient la matière de plusieurs gros volumes : Un compte-rendu analytique est tout ce qu'on peut offrir au lecteur dans une semblable affaire. Nous le ferons avec impartialité, sans prendre parti à gauche ni à droite, notre devise sera en écrivant cet opuscule : « Scribitur ad narrandum non ad probandum. » — Cette attitude nous est commandée par un sentiment de convenances, et par le respect que nous devons aux décisions de la justice, dans une affaire qui n'est pas encore jugée en première instance, au moment où nous prenons la plume, et qui reviendra probablement plus tard devant la Cour d'Appel, après le jugement du tribunal.

Le 24 janvier 1878, à midi, les magistrats composant le tribunal de première instance de Saint-Denis montent sur leurs sièges, l'huissier annonce l'ouverture de l'audience correctionnelle. La cause est appelée.

Le Tribunal se compose de M. Guy de Ferrière, Président du Tribunal de première instance de St-Denis, et de MM. Cordeil et Potier juges au même tribunal. M. Cordeil s'est déjà occupé de cette affaire en sa qualité de juge d'instruction.

Le banc du ministère public est occupé par le Procureur de la République M. Madre, et par son premier substitut M. Thiébaud.

Tout annonce une certaine solennité dans les débats qui vont s'ouvrir : le banc du greffe même contient deux greffiers, et on y remarque un sténographe autorisé à reproduire les débats.

A cette première audience du 24 janvier le banc de la défense est occupé par MM. Paul Sers et Edouard Leroy, tous deux avocats du barreau de

St-Denis. M° Champon qui doit aussi assister quelques accusés, n'est pas á l'audience, il en est de même de Me Fortuné Naturel que nous verrons paraître plus tard, dans une des audiences successives.

Le public est nombreux : les parents et les amis des accusés se sont donné rendez-vous dans la salle, trop petite, qui est surtout encombrée par la grande quantité d'accusés et de témoins. Quinze accusés, trente-cinq témoins â charge, et soixante témoins à décharge.

On procède á l'appel des accusés et des témoins. Ces derniers sont invités â se retirer dans la salle qui leur est destinée ; mais au bout de quelques instants, pressés dans cette salle trop petite, pendant une chaleur étouffante, ils obtiennent l'autorisation d'alller prendre l'air dans la cour du Palais de Justice.

Les accusés sont appelés dans l'ordre suivant, qui, pour des motifs que nous ferons connaître, a été modifié dans une audience postérieure.

1° Vallery Pierre, bourrelier, âgé de 61 ans, accusé d'avoir voté le 25 novembre, malgré une condamnation, pour vol, à six mois de prison, qui lui avait fait perdre sa qualité d'électeur.

2° Cochard Chrétien, dit Camille, habitant, âgé de dix-huit ou dix-neuf ans, accusé d'avoir voté en prenant le nom de Charles Auguste Cochard, son cousin, qui se trouvait malade, au lit, le jour des élections.

3° Soa Joseph — accusé d'avoir voté sous le nom d'un autre électeur inscrit.

4° Athama Louis Jean-Baptiste —mineur, prévenu d'avoir voté pour Louis Athama, inscrit sur la liste électorale.

5° Bardet Alexis — accusé d'avoir voté deux fois, profitant d'une erreur en vertu de laquelle il était inscrit sur deux listes, celles de Ste-Anne et St-Benoit.

6. Calinet Philippe, même prévention que le précédent accusé.

7° Lefèvre Fortuné, — prévenu d'avoir fait voter des électeurs en leur faisant des dons ou des promesses d'argent.

8° Brunet Louis — âgé de 31 ans, notaire à Saint-Benoit, accusé de diverses manœuvres électorales, et notamment de s'être rendu complice des faits délictueux imputés à Camille Cochard et à Lefèvre Fortuné.

9° Brunet Léonce — complicité avec son frère Louis Brunet, dans divers délits et le fait Cochard.

10° Linon dit Malais — cet accusé ne se présente pas. Il est malade et se trouve dans l'impossibilité de se rendre à l'audience. Le Tribunal décide que Linon dit Malais, étant accusé de faits spéciaux et indépendants de ceux qui forment l'accusation en général, sera jugé plus tard séparément.

11° Laurent Joseph — accusé de complicité dans le fait Cochard.

12° Arthur Leclos — âgé de 67 ans, habitant propriétaire, accusé de complicité dans le fait imputé â Philippe Calinet.

13° Arthur Armand, — accusé de complicité dans les faits reprochés aux accusés Joseph et Alexis Bardet.

14° Darid Octave Binard, — prévenu d'avoir, par des clameurs, troublé les opérations électorales, en compagnie de plusieurs autres électeurs.

15° Ebarnet Charly, — prévenu de s'être rendu complice du précédent délit imputé à Darid Octave Binard.

16° Enfin, Charles Brunet, âgé de 60 ans, prévenu d'outrages par paroles au président du bureau électoral, en vertu d'un procès-verbal dont il a été donné lecture à l'audience, et duquel il résulte, que M. Charles Brunet, membre du bureau, aurait dit au président pendant un tumulte qui troublait l'ordre : « mais M. le président vous ne savez pas maintenir l'ordre. » —A quoi le président aurait répondu : « Je n'ai de leçon à prendre de personne. » Ce qui lui aurait attiré cette réponse de M. Charles Brunet : « Eh bien ! moi j'en donne. » Voilà le grief imputé à Charles Brunet.

Le Tribunal ayant décidé que l'accusé Linon dit Malais serait jugé séparément, il reste comme nous l'avons dit, quinze accusés au débat.

On passe ensuite à l'appel des témoins à charge qui répondent dans l'ordre suivant :

Pierre Bellier de Villentroy, maire de Saint-Benoit — Eugène Moreau — Xavier Junquet, médecin — Le docteur Jacob de Cordemoy — Chateau, receveur des contributions — Alphonse Lemarié — Orélien Cernaud — Arthur Vergoz — Pierre Collet — Frédéric Junquet — Pierre Paul Babille — Tourneux, commissaire Principal — Louis Léonie — Jean-Baptiste Lequidec — Romain Boyer — Wikers — Jean-Baptiste Javary — Colas Anazé — Edouard Catherine — Riga — Lajoie Cadale — Napoléon Danclas — Pierre François — Joseph Giraudet — Louis Perrault — Armand Mottet — Jean-Baptiste Cochard — Gustave Vergoz — Ernest Hoareau — Maillot Willemant — Joseph Hubert, fils — Louis Athama — Louis Auguste Mérovée — Antony Agénor — Massé, commissaire de police.

Les témoins à décharge sont ensuite appelés: comme nous l'avons dit, ils étaient d'abord cinquante-neuf ou soixante, cités à la requête des différents accusés, mais au cours des débats, la défense a renoncé à plusieurs témoignages devenus inutiles, et voici dans l'ordre où ils ont été entendus, les témoins à décharge conservés au débat :

Charles Dureau de Vaulconte, Président du conseil général à la dernière session — Adam de Villiers — Alfred Mérandon — Diomat, employé du crédit foncier — Alexandre Cochard — Clément Bouloir — Jules Leclerc — Théodore Rossolin — Clément Lefranc — Alexis Gazet — Déjeau de la Bâtie — Emilien Guidon — Edouard Pignolet — Achille Poirier — Emmanuel Sigoyer — Emile Désiré — Pierret dit Rosiers — François Gehant — Pitou dit Labogue — Edouard Bienvenu — Jean-Baptiste Prudent — Abel Tarby — Delâtre — Moulson — Birou Hilarion d'Arlincourt — Edouard Sciame — Evariste Manès, — Alcide Fin — Eugène Léocadie — Julien Désaiffres — Boucher — Orange Bonhomme — Marcely Robert — Gustave Fabien Garceny — Pierre Pierret — Joseph Aducet — François Oclou — Laurencine Elie — Emile Rosviel — St-Ange Louisianne — Jules Flavigny — Fabien Flavigny — Louis Grondein — Victor Royer Vespasien — Joseph Ermont — Louis Javary — Jean-Baptiste Boyer dit Escaude — Sitangue Chauffer — Emart Cécile — Charles Desaifres — Jules de Fondaumière — Camille Buttié — Emmuabald Robert — Etienne Baunaudet — Champierre de Villeneuve.

Après l'appel des témoins tant à charge qu'à décharge, le Président donne la parole à Me Edouard Leroy, défenseur de plusieurs accusés qui demande le renvoi de l'affaire à huitaine.

Messieurs, dit ce jeune et sémillant avocat, avec lequel nous ferons bientôt connaissance ; l'affaire qui se présente aujourd'hui devant le tribunal, nécessitera un grand nombre d'audiences qui doivent se suivre sans interruption, or, les avocats de la défense ne pourront, ni demain, ni après demain, se tenir à la disposition du Tribunal correctionnel, à cause d'une affaire importante, qui exige leur présence devant la cour : il s'agit du procès relatif à l'ordre de la Rivière du Mât, dont les débats sont irrévocablement fixés pour le 25 et le 26 janvier courant ; il y a donc lieu de renvoyer à huitaine et jours suivants, les débats du procès dont nous nous occupons aujourd'hui.

Une autre raison dit Me Edouard Leroy, pour que l'affaire soit renvoyée à huitaine, c'est que Me Champon qui doit défendre plusieurs accusés, se trouve actuellement à la campagne, et la défense compte sur lui pour avoir « un bon coup de main. »

En effet, il parait que Me Champon est un gaillard à poigne qui, suivant l'expression pittoresque de son confrère, Me Edouard Leroy, est bien capable de donner un « fameux coup de main » dans cette affaire.

Par ces motifs après une discussion qui a duré quelques minutes, le Tribunal renvoie l'affaire à huitaine, c'est-à-dire, au jeudi 31 janvier, et les débats continueront les vendredi, samedi et jours suivants s'il y a lieu.

Les audiences du 31 janvier et jours suivants jusqu'au jeudi 5 février, ont été consacrés à l'audition des témoins, tant à charge qu'à décharge.

Le jeudi trente-et-un janvier, avant l'interrogatoire des témoins, maitre Edouard Leroy a pris devant le Tribunal des conclusions, tendant à ce qu'il plaise au Tribunal de prononcer la disjonction des actions intentées contre plusieurs des accusés. L'avocat en se basant sur le texte de l'article 227 du code d'instruction criminelle relatif à la jonction des demandes formées devant le tribunal, a soutenu qu'il n'y avait aucune connexité entre les faits reprochés à certains accusés et ceux imputés à d'autres prévenus, assis en même temps sur le banc de la police correctionnelle.— Quelle relation peut-on trouver, en effet, entre le fait reproché à Charles Brunet, qui est prévenu d'outrages envers le Maire de Saint-Benoit, président du bureau électoral, et le sieur Cochard, par exemple, prévenu d'avoir voté en état de minorité, sous le nom de son cousin, Auguste Cochard, âgé de 23 ans ?

Quel rapport, quelle connxité peut-on raisonnablement trouver entre le fait de Vallery Pierre, accusé d'avoir voté quand il n'avait pas le droit d'être inscrit sur les listes électorales, après avoir subi une condamnation pour vol, et le fait reproché à M. Léonce Brunet, qui comparait sur le banc des accusés, pour avoir donné un verre de rhum á Chrétien Cochard ? — Évidemment le tribunal doit prononcer la disjonction de toutes ces causes qui n'ont aucune relation entre elles.

Et la question offre pour les accusés le plus grand intérêt, au point de vue des frais qui sont considérables dans cette affaire. Il y a plus de cent témoins venus de St-Benoit qui sont assignés tant à la requête du ministère public comme témoins à charge, qu'à la requête des différents accusés, comme témoins à décharge. Si une condamnation pouvait intervenir, la solidarité serait nécessairement prononcée pour le paiement des frais, et M. Charles Brunet, par exemple, contre lequel on n'entendra la déposition que d'un ou deux témoins, serait condamné à payer tous les frais nécessités par plus de cent témoignages divers. Le tribunal reculera devant une pareille conséquence et prononcera la disjonction demandée par la défense.

Une autre considération que l'avocat fit valoir á l'appui de sa thèse de disjonction, et qu'il était facile d'apprécier, au milieu d'une foule de réticences et de précautions oratoires, c'est que dans des luttes politiques de la nature de celles qui amènent les accusés devant le tribunal, il ne faut pas déshonorer l'échafaud sur lequel on veut faire monter des adversaires: â tort ou à raison, selon le défenseur, on veut atteindre dans ces débats, la branche de la famille Brunet qui réside à St-Benoit. On voit assis sur les bancs, Charles Brunet père, son fils, Louis Brunet, notaire et jusquà Léonce Brunet, qui est loin d'être un personnage politique. La situation est surtout grave pour Louis Brunet, à cause de sa position d'officier ministériel. Nous voyons paraître en même temps sur les bancs des accusés huit ou dix individus, gens de petit état, anciens affranchis, illettrés, en tête desquels est placé un individu condamné pour vol. Est-ce avec intention que la chose se présente de cette manière? Le ministère public veut-il tirer un argument de cette circonstance et dire en triomphant: voilà la bande dont M. Louis Brunet est le chef? La défense, procédant par cette figure de rhétorique qu'on appelle insinuation, termine en disant : nous ne le pensons pas, mais nous croyons trouver, dans cette circonstance un argument de plus pour demander la disjonction.

La parole est ensuite donnée à M. le ministère public, sur l'incident. C'est monsieur le Procureur de la République lui-même qui se charge de répondre, et il le fait avec une certaine émotion facile à comprendre, après les insinuations de la défense, que nous avons fait connaître plus haut.

La justice est au-dessus des mesquines préoccupations inspirées par la haine des partis. Si le parquet a fait figurer en tête de la liste des accusés le nommé Vallery Pierre condamné pour vol, c'est que le fait reproché a cet individu peut, jusquà un certain point, être considéré comme un fait isolé, qui peut être instruit avant ou après les faits qui regardent les autres accusés: il en est de même de la position de M. Charles Brunet dont le nom a été mis à la fin de la liste. Il n'y a là aucune espèce de calcul.

Quant au fond de la demande de disjonction, le ministère public s'y oppose formellement, pour le moment du moins, sauf au tribunal, en prononçant son jugement, à apprécier au point de vue de la solidarité, pour le paiement des frais, quelles sont les causes qui doivent être jointes ou disjointes. Pour le moment, l'incident doit être joint au fond, et les débats doivent commencer immédiatement par l'audition de tous les témoins assignés, même pour donner au tribunal le moyen d'apprécier le dégré de connexité

qui peut exister entre les faits reprochés à cha-
que accusé. Le ministère public a vu dans cette
affaire ce qu'on doit y voir en effet, un vaste
système de manœuvres électorales pour fausser
les élections du 25 novembre dernier. C'est un
drame général, dont chacun des faits reprochés
aux divers accusés forme un acte séparé ; mais il
faut examiner la pièce dans son ensemble, c'est
pour cela que le ministère public repousse la
disjonction demandée par la défense, et pense
qu'en joignant l'incident au fond, le Tribunal
doit passer outre aux débats.

C'est dans le sens de ces dernières conclusions
que le Tribunal rend sa décision et il est immédiatement procédé à l'appel et à l'audition des
témoins.

Nous n'entreprendrons pas de reproduire tex-
tuellement la longue série de témoignages qui se
sont produits dans cette affaire : ce serait un
travail long, fastidieux, plein d'inutiles redites et
la plupart du temps dépourvu d'intérêt. Pour
donner une idée exacte des débats, nous ferons
une analyse succinte de ces divers témoignages
en les rapportant aux principaux griefs relevés
par l'accusation, tout en nous étendant d'une
façon un peu plus complète sur les dépositions

qui méritent plus spécialement ue fixer l'atten-
tion.

Comme nous l'avons déjà pu voir, par tout
ce qui précède, le parquet poursuit sur la demande de l'administration, la répression d'une
certaine quantité de délits électoraux, reprochés
à différents individus et qui se rattachent à peu
près tous à des manœuvres frauduleuses imputées
au sieur Louis Brunet, lequel est à vrai dire le
point de mire et l'objectif de l'accusation.

Voici les faits, tels qu'ils résultent de l'accusation:

Le 25 novembre dernier, les électeurs de St-
Benoit étaient convoqués pour la nomination de
trois conseillers municipaux, qui n'avaient pas
passé le 11 du même mois, date des premières
élections municipales.

M. Louis Brunet se représentait au suffrage des électeurs, à la tête d'une liste dite républicaine ; son amour-propre ou celui de ses
amis était engagé à la suite de l'échec éprouvé
précédemment.

Le vote eût lieu, les partisans de M. Louis
Brunet triomphèrent, ce dernier fut élu. Mais
le procès-verbal des opérations électorales rela-
tant des protestation diverses et des contestations
d'une étrange gravité, les élections furent an-
nulées par le conseil privé, constitué en conseil

du contentieux administratif. — C'est dans ces circonstances, que, sur la demande de l'Administration, le parquet crut devoir intervenir. Une enquête eût lieu à St-Benoit, et nous voici devant le tribunal de police correctionnelle.

Nous savons quels sont les faits particuliers imputés à la plupart des accusés, occupons-nous des faits généraux reprochés à Louis Brunet et nous aurons ainsi la physionomie de tonte l'affaire.

Dès la veille du 25 novembre, il circule des bruits que la police recueille à propos des élections municipales qui doivent avoir lieu. Il s'agit de manœuvres délictueuses dirigées par le candidat Louis Brunet, qui va jouer son va-tout dans les élections qui se préparent. C'est la police qui dit cela. Elle voit circuler les meneurs qui vont raccrocher les électeurs, Dès le matin du 25 une brèche est ouverte dans la partie postérieure de l'emplacement de M. Louis Brunet, dont le barreau principal donne sur la grande grande route à quelques mètres du poste de police : la fameuse brèche est pratiquée à l'autre extrémité de l'emplacement et donne sur la rue St-Philippe ordinairement peu passante. Les électeurs recrutés à distance, depuis St-François jusqu'au bras Canot sont introduits par la brèche et maintenus dans l'emplacement, où on

leur offre des raffraichissements plus ou moins
échauffants, en attendant qu'ils soient conduits
sous bonne escorte de meneurs au scrutin, où ils
déposeront des bulletins délivrés par Louis Brunet « avec un ou deux francs. » — D'ailleurs le
barreau qui donne sur la rue est fermé, et les
électeurs sont emparqués comme un troupeau
de bétail, pour faire voir le respect que les républicains d'une certaine nature professent pour le
suffrage universel, dont ils adorent, du reste,
l'admirable institution appliquée aux électeurs de
la colonie. C'est toujours la police qui dit cela, il
faudra le prouver par de sérieux témoignages.

Malheureusement la vérité aura beaucoup de
peine à se faire jour : les témoins à charge pa-
raissent généralement hostiles à M. Louis Brunet, ils marchent sous la bannière de ses adversaires politiques, tandis que les témoins à décharge sont les amis de l'accusé, pour lequel ils
professent hautement la plus profonde estime, il
faut même ajouter la plus grande admiration.

Parmi les témoins à décharge il y a des noms
fort honorables, tels que : MM. Charles Dureau
de Vaulcomte, président du conseil général à la
dernière session ordinaire, Champierre de Villeneuve, commandant des milices de Saint-Benoit,
Sylvain Robert, De Sigoyer, Adam de Villiers,

Bonaudet, Eugène Léocadie et beaucoup d'autres qu'il serait trop long de citer.

On rencontre aussi dans la liste des témoins à charge des hommes fort recommandables à tous les points de vue : MM Pierre Bellier de Villentroy, maire de St-Benoit et membre du conseil général, comme représentant son canton depuis l'avènement du suffrage universel dans la colonie ; Ernest Hoareau, dépositaire comptable à St-Benoit, et ancien maire de la commune de St-Joseph. — Puis des fonctionnaires dont le mérite reconnu est hautement apprécié par l'administration, nous voulons parler de MM. Chateau, receveur de l'enregistrement, et de Tourneux, commissaire principal de police, qui vient d'être appelé en cette qualité à Saint-Denis.

Comment reconnaitre la vérité au moyen de tant de dépositions contradictoires, dont on ne peut pas contester la loyauté ? Le ministère public d'un côté et les avocats de la défense de l'autre, chercheront à débrouiller ce chaos et les juges apprécieront dans leur conscience. Le rôle que nous voulons prendre est celui de raconter simplement. sans prendre parti ni pour, ni contre. S'il nous arrive quelquefois de donner une appréciation personnelle dans le cours de ce modeste compte-rendu, nous tâcherons de la faire avec la plus extrême modération, et nous rendant toujours l'écho de l'opinion publique, que nous voyons se manifester autour de nous.

Analysons succinctement quelques témoigna-ges :

M. Pierre Bellier de Villentroy est le premier témoin á charge que l'accusation a fait entendre à l'audience. Son témoignage était capital et il fut écouté avec un religieux silence.

M. Pierre Bellier de Villentroy présidait en sa qualité de maire, le bureau électoral qui fonctionnait à St-Benoît, le jour des élections du 25 novembre dernier. Appelé devant le tribunal pour dire ce qu'il savait à propos de l'accusation intentée par le ministère public contre Louis Brunet et consorts, il a fait une déposition digne, claire, précise et dont tout le monde s'est plu à reconnaître l'incontestable loyauté, même dans le camp de ses adversaires.

M. Pierre Bellier de Villentroy ne connaît que par oui-dire les manœuvres imputées à Louis Brunet par l'accusation. Il a entendu parler d'électeurs emparqués, payés et gorgés de rhum, il ne peut rien affirmer, rien préciser á cet égard. Les électeurs ont été conduits jusqu'au scrutin par des meneurs, il doit reconnaître que c'est la façon déplorable dont les élections se font ordinairement à St-Benoit et peut-être dans toute la colonie, dans le parti républicain aussi bien dans le parti conservateur. Le suffrage universel a grandement à faire avant d'être moralisé **et de** devenir réellement l'expression de la volonté coloniale.

Pour les faits dont il peut déposer personnellement, voici ce que M. Bellier de Villentroy peut affirmer :

Il a vu, comme tout le monde, la brèche qui se trouve encore actuellement ouverte au fond de l'emplacement de M. Louis Bruuet. On lui a dit que des électeurs avaient passé par là, dans la matinée du 25 novembre, pour se rendre dans l'emplacement de M. Louis Brunet, avant d'aller au scrutin. Il ne se souvient pas d'avoir vu cette brèche avant les élections.

Quant au fait Cochard, qui du reste a été consigné au procès-verbal des opérations électorales, voici ce qu'il peut dire :

M. Bellier de Villentroy a vu Chrétien Cochard se présenter devant le bureau électoral conduit ou accompagné par le sieur Louis Brunet. Ce dernier tenait à la main un morceau de papier écrit, sur lequel il a lu à haute voix : Pierre Auguste Cochard âgé de 23 ans, n° 227, je crois. Alors Chrétien Cochard a remis son bulletin de vote aux mains de M. Bellier de Villentroy, mais au moment où ce bulletin allait être mis dans l'urne, une protestation s'est produite. Un sieur Jean-Baptiste Cochard, oncle de celui qui venait voter s'est écrié : « Ce jeune homme qui vient de vous remettre un bulletin de vote, ne s'appelle pas Auguste Cochard : je le connais très bien, c'est mon neveu, il s'appelle Chrétien Cochard, celui qui est inscrit sur la liste électorale sous le nom d'Auguste Cochard est mon fils, actuellement malade et Chrétien n'a pas le droit de voter pour lui. » Cet incident arrêta un moment M. Bellier de Villentroy qui tenait toujours à la main le bulletin qui lui avait été remis Mais alors M. Louis Brunet intervint. Selon les uns, il aurait répondu à Jean-Baptiste Cochard ; « il se peut que votre fils s'appelle Pierre Auguste Cochard, mais cela n'empêche pas l'électeur qui se présente de s'appeler du même nom, et par conséquent il doit voter, puisqu'il est inscrit sur la liste électorale. » Selon d'autres témoins et selon M. Louis Brunet lui-même, ce dernier n'aurait pas tenu le propos que nous venons de rapporter, il aurait dit tout simplement : «je m'en rapporte à la décision du bureau » et se serait retiré de la salle du vote. Ce qu'il y a de certain, c'est que sur l'avis du bureau, le vote a été reçu. M. de Villentroy déclare, que quant à lui, il s'est décidé sur l'affirmation de M. Louis Brunet, lequel devait lui inspirer toute confiance, à cause de sa qualité de notaire. — Quand le vote de Chrétien Cochard eût été accepté, une autre protestation eût lieu : M. Moreau vint déclarer au bureau, qu'il protestait contre ce vote, parce que celui qui venait de voter était un mineur, qui avait usurpé le nom d'un autre.

C'est grave ce que vous dites là, dit M. Charles Brunet, qui faisait partie du bureau, il s'agit d'un faux, et je demande que l'incident soit consigné au procès-verbal. Si c'est grave dit Moreau, ce n'est pas pour moi, c'est plutôt pour votre fils.

Puisque nous venons de parler de l'incident Cochard, ouvrons ici une parenthèse pour faire connaître ce personnage qui est, on peut le dire, la clef de voûte de l'accusation :

Cet affreux polisson est bien le pipède, ou plutôt le quadrumane affligé de la physionomie la plus désobligeante que l'on puisse imaginer. De la place que j'occupe dans la salle, je le vois de côté, et je pourrais faire son portrait de profil. C'est une figure renfrognée avec une tête toute petite. Il a l'angle facial aigu, le front étroit et fuyant comme chez les individus affligés de crétinisme. A la chûte de l'arcade sourcilière commence brusquement un appendice nazal court et pointu qui domine deux lèvres minces.

Puis vient un menton carré et proéminent, dont la forme semble donner, en tout, raison au système de Darwin sur les origines de l'espèce humaine.

Ce Chrétien Cochard est du reste, au moral, un fieffé menteur : il a été pris trois ou quatre fois en flagrant délit de bourdes incroyables, pendant le cours de l'instruction. Cela ne l'empêche pas d'être d'une rare impertinence quand on le confronte avec des accusés ou des témoins qui le font prendre la main dans le sac. Voici comment il narre son histoire relative au vote du 25 novembre dernier :

« Depuis longtemps, dit-il, plus d'un mois avant les élections du 25 novembre, j'étais littéralement obsédé par Linon dit Malais, un vieux courtier d'élection, qui voulait à toute force me faire voter pour M. Louis Brunet. J'avais beau lui dire : « mais non, je ne puis pas voter, je n'ai pas mon âge, » il me répondait : « ça ne fait rien, M. Louis Brunet saura bien te faire voter. » Et Linon dit Malais revenait tous les jours me déranger dans mon travail, pour me dire la même chose. Si bien que mes parents commençaient à s'impatienter de son insistance, et ma tante qui est une personne fort douce et bien élevée, lui dit un jour : « fiche-moi le camp d'ici, vieux malais, car si je n'étais pas une femme si comme il faut, je te flanquerais une volée de coups de bois fendu. »

Voilà la chose. «Et le dimanche 25 novembre, jour du votement, je suis descendu au quartier. J'ai rencontré Linon dit Malais, qui m'a conduit dans l'emplacement de M. Louis Brunet, en me faisant entrer par la brèche qu'on avait pratiquée dans la rue Saint-Philippe. Là, j'ai trouvé M. Léonce Brunet, le frère de M. Louis Brunet, qui m'a reçu en me faisant prendre un capitaine-général coup de sec, qui m'a complètement étourdi. Et puis, ils m'ont dit qu'il fallait aller voter. Moi, j'ai répondu, que je ne pouvais pas le faire, parce que je n'avais pas mon âge, à quoi ils m'ont répliqué : ça ne fait rien. Et ils m'ont donné un papier avec un numéro portant le nom de mon cousin Pierre Augnste Cochard. Et ils m'ont conduit á M. Louis Brunet, qui m'a trainé au scrutin comme un animal, pour me faire voter. Voilà! je ne suis coupable de rien, je n'ai été qu'une machine entre les mains de M. Louis Brunet. »

Permettez, Chrétien Cochard, lui répondent plusieurs témoins, qui ont été entendus dans l'instruction orale : vous dites que M. Louis Brunet vous a fait harceler pendant plus d'un mois pour voter pour lui, quand il est bien certain qu'il n'a jamais parlé d'élections à 7 ou 8 ouvriers électeurs qu'il avait sous la main, dans son emplacement et dont il aurait bien certainement pu demander les suffrages. Vous dites que M. Léonce Brunet vous a soûlé avec un coup de sec, quand personne ne l'a vu vous donner du rhum. Vous dites que M. Louis Brunet vous a traîné au vote, comme un animal, quand c est vous qui avez été le rejoindre et qu'il s'est contenté de vous accompagner dans la salle du vote, en tenant d'une main son parapluie et de l'autre un papier où il y avait écrit un numéro et le nom de Pierre Auguste Cochard. Vous prétendez que vous avez dit à ceux qui voulaient vous faire voter, que vous n'aviez pas votre âge, comment peut-on ajouter foi à une pareille déclaration de votre part, quand il est avéré, qu'avant les élections du 25 novembre vous aviez déjà voté, toujours sous le nom de votre cousin, aux élections du 11 novembre.

Mais là, il s'est passé quelque chose pour vous confondre, quand le Juge d'Instruction s'est transporté à St-Benoit, pour faire une enquête sur les dernières élections municipales, vous avez été interrogé, et vous avez répondu, que vous n'aviez pas voté à la date du 11 novembre, et que c'est un autre de vos parents qui avait pris le nom de votre cousin Auguste Pierre Cochard. De retour chez vous, quand vous avez raconté votre déposition à votre père, celui-ci vous

a forcé à revenir sur votre déposition, et alors il
est intervenu une plainte de M. Moreau, au
nom de votre père, en vertu de laquelle le Juge
d'Instruction a été obligé de vous rappeler.
Dans cette nouvelle déposition, Chrétien Cochard,
vous avez avoué au Juge d'Instruction que vous
veniez de mentir, en disant que vous n'aviez pas
voté le 11 : vous reconnaissiez que vous aviez
voté ce jour-là, mais vous ajoutiez que M. Léonce Brunet vous avait remis un franc en pièces de
5 centimes pour vous engager à faire la première
déposition que vous aviez faite. Eh bien, vous
mentiez encore, Chrétien Cochard, car M. Léonce Brunet a démontré, par un alibi résultant des
témoignages de MM. Dureau de Vaulcomte et
Emart Cécile, qu'il ne pouvait pas vous avoir vu
à l'heure que vous avez indiquée, et vous avez
été forcé d'avouer que vous n'aviez pas reçu d'argent de Léonce Brunet, pour faire un faux témoignage, et que vous aviez réellement voté le
onze novembre.

Après tous ces mensonges, est-il nécessaire
d'ajouter qu'il est impossible d'ajouter foi aux
déclarations de Chrétien Cochard?

Je ferme maintenant la parenthèse que j'avais
ouverte plus haut, pour donner une idée de la
moralité de Chrétien Cochard, et je reprends la
déposition de M. Pierre Bellier de Villentroy.

Après avoir parlé de l'incident Cochard M. De Villentroy fait connaitre ce qui s'est passé au sujet du fait reproché au sieur Charles Brunet.

Dans un certain moment de la journée du 25 novembre, les opérations électorales furent troublées par un tumulte, qui s'éleva jusque dans la salle même du vote. A ce moment, M. Brunet s'adressant à M. De Villentroy s'écria : « Mais M. le président faites donc faire silence ! mais M. le président vous ne savez pas maintenir l'ordre ! » M. De Villentroy répondit : « A moi seul appartient la police de la salle, et je n'ai de leçon à recevoir de personne. » — Eh bien! moi j'en donne, répartit M. Charles Brunet.

M. De Villentroy ajoute que lorsque M. Char-Brunet prononça ces paroles, il avait dans le geste et le regard quelque chose de singulièrement agressif et provocateur.

C'est ce qui explique pourquoi le Maire, président du bureau électoral, a crû devoir déclarer procès-verbal à M. Brunet, et relever contre lui le délit d'outrage à sa personne ; c'est, dit-on. l'air qui fait la chanson, et il y a là un fait de pure appréciation personnelle. M. De Villentroy a pu se croire outragé par M. Brunet qui était vis-à-vis de lui, dans la position que tout le monde comprend, après le procès en diffamation

par la voie de la presse, dont le tribunal a eu à
s'occuper tout dernièrement. — Les Juge apprécieront. Il est permis de décider de telle ou
telle manière, selon le point de vue où l'on se
place. M. De Villentroy peut être de bonne foi,
quand il soutient qu'il a été outragé, certains
membres du bureau parmi lesquels nous citerons
M. Ernest Hoareau, pensent qu'il y a eu délit
d'outrage dans l'attitude et la parole de M.
Charles Brunet, d'autres pensent être aussi de
bonne foi, quand ils soutiennent le contraire et
qu'ils viennent même affirmer que M. Charles
Brunet a répondu simplement au président du
bureau électoral des paroles dont le sens serait
celui-ci : « je n'ai pas l'intention de donner des
leçons à personne, mais en ma qualité de membre du bureau, je crois avoir le droit de faire une
observation dans l'intérêt du maintien de l'ordre. » D'après cette dernière version, la culpa-
bilité se trouverait amoindrie. Le tribunal ap-
préciera.

Après s'être exprimé sur le fait reproché à
M. Charles Brunet, M. De Villentroy fait connaitre quel est à son point de vue, le caractère
particulier des dernières élections municipales de
St-Benoit — Selon lui, ce caractère n'a rien de
politique, il s'agit tout simplement d'une lutte
personnelle entre M. Louis Brunet et lui. —
La question est de savoir quel est celui des deux

qui doit être maire de St-Benoit et se trouver chargé de l'administration des intérêts de la commune. C'est à cette question que les électeurs avaient à répondre, et la majorité s'est hautement prononcée en faveur de M. De Villentroy.

Il n'y a point de politique dans tout ce qui s'est passé les 11 et 25 novembre dans la commune de St-Benoit. Le triomphe de M. De Vlilentroy et de sa liste, n'est point celui des idées idées cléricales et légitimistes sur l'opinion républicaine qui régit actuellement les destinées du pays. M. De Villentroy peut avoir ses opinions personnelles, ses principes et sa religion politique. Cela ne l'empêche pas d'être un bon citoyen, un excellent maire, dévoué aux intérêts de sa commune, et religieux observateur des lois qui nous régissent. Après cela, on n'a rien à lui demander, nul n'a le droit de scruter sa conscience. C'est le principe émis par M. Dufaure lui-même, dans la dernière circulaire, que nous venons de recevoir du gouvernement républicain de la métropole.

La victoire remportée par M. De Villentroy, dans les élections du onze novembre, s'explique donc par les sympathies que le maire actuel de Saint-Benoit inspire dans sa commune. Ce n'est pas l'homme politique que l'on a eu en vue. La plupart de ceux qui marchent avec M. De Villentroy, revendiquent hautement l'honneur d'être comptés dans ce qu'on appelle actuellement : le grand parti national Républicain. — Est-ce que MM. Alexis Charlette, Michel et Jacob de Cordemoy, sont des royalistes, des cléricaux et des réactionnaires ? — Non, ce sont des hommes d'ordre et de progrès : ils votent pour maintenir M. De Villentroy à la tête de la commune, et dans le même temps, ils ont voté pour la candidature de M. de Mahy, dont les opinions républicaines ne font de doute pour personne. La logique n'est pas sacrifiée pour cela, car les questions qui s'agitent au sein du Parlement de la nation, n'ont pas le même caractère que celles qui se traitent spécialement dans les modestes assemblées municipales. — Ce qui faut surtout à la commune, c'est l'ordre et la tranquillité. — Spécialement la commune de St-Benoit avait besoin de repos après les luttes intestines qui ont divisé depuis si longtemps son conseil municipal. On voulait en finir, et c'est pour cela que la liste du maire a passé sur celle de M. Louis Brunet.

M. De Villentroy termine sa déposition au milieu de l'approbation générale de l'auditoire, nous avons dit plus haut, que ses adversaires mêmes n'avaient pas hésité en plusieurs fois, à rendre hommage à la loyauté de ses paroles. Nous devons ajouter que cette loyauté a pris un caractère noble et chevaleresque, quand, au cours de l'audience, sur une insinuation injustement lancée, que les adversaires de Louis Brunet voulaient l'atteindre dans sa position de notaire, M. De Villentroy s'est écrié d'une voix émue, qu'une pareille pensée n'était jamais entrée, et n'entrerait jamais dans son cœur !

Nous terminerons aujourd'hui par cette dernière réflexion ce que nous avons à dire pour le moment au sujet de la déposition de M. De Villentroy ; nous y reviendrons forcément, les avocats de la défense ayant jugé à propos de prendre pour leur tête de Turc, dans leurs différentes plaidoieries la personnabilité de l'honorable maire de Saint-Benoit. — Nous renvoyons aussi à plus tard ce que nous avons à dire à propos de cette balancoire du drapeau blanc, promené, diton. dans les rues de St-Benoit, aux cris de «vive le Roy. Cette plaisanterie grotesque ne méritait pas les honneurs qu'on veut bien luï faire. Mais la correspondance de nos représentants nous apprend qu'une enquête est demandée sur ce sujet comique. Elle aura donc lieu cette fameuse enquête ! nous aurons le divertissement des déclarations républicaines les plus inattendues. Car il faut bien constater un fait, c'est que depuis l'arrivée du dernier courrier, la végétation républicaine a pris une extrême vigueur dans la colonie. Partout, du soir au lendemain, nous avons vu les républicains pousser comme des champignons. (A continuer) V. G.